A FIELD OF FOUNDLINGS
РОДОВИЩЕ ЗНАЙД

РОДОВИЩЕ ЗНАЙД

Вибрані вірші

ІРИНА СТАРОВОЙТ

з української мови переклала
ГРЕЙС МАГОНІ

Видавництво Лост Горс
Сандпоінт, Айдахо

A FIELD OF FOUNDLINGS

Selected Poems

Iryna Starovoyt

Translated from the Ukrainian by
Grace Mahoney

LOST HORSE PRESS
Sandpoint, Idaho

ACKNOWLEDGEMENTS

I would like to thank my family and friends for their support, especially the Department of Slavic Languages and Literatures at the University of Michigan, the Fulbright Program in Ukraine, Svitlana Rogovyk, Christine Holbert, Piotr Florzyck, and Iryna Starovoyt.

ПОДЯКИ

Я хочу подякувати моїй родині та друзям за їхню підтримку, особливо кафедрі славістики Мічиганського університету, Програмі імені Фулбрайта в Україні, Світлані Роговик, Крістін Галберт, Пьотрові Фложику та Ірині Старовойт.

Cover Art: Melancholia by Yuri Solomko.
Iryna Starovoyt's Photograph by Elena Subach.
Grace Mahoney's Photograph by Helen Mahoney.
Book & Cover Design: Christine Holbert.

FIRST EDITION

This and other fine LOST HORSE PRESS titles may be viewed online at www.losthorsepress.org.

LIBRARY OF CONGRESS CATALOGING-IN-PUBLICATION DATA

Library of Congress Cataloging-in-Publication Data is available from the Library of Congress.
ISBN 978-0-9981963-4-3

THE LOST HORSE PRESS
CONTEMPORARY UKRAINIAN POETRY SERIES
Volume One

ЗМІСТ

TABLE OF CONTENTS

ПЕРЕДМОВА ДО СЕРІЇ СУЧАСНОЇ УКРАЇНСЬКОЇ ПОЕЗІЇ

У листопаді 2013 Україна вийшла на світову арену, коли сотні тисяч українців зайняли центральну площу Києва, Майдан, не згодні з відмовою тодішнього президента Віктора Януковича підписати угоду про торговельну асоціацію, що мала зблизити країну з Європейським Союзом. Протести, знані як Євромайдан чи Революція Гідності, засвідчили спорідненість України зі західними демократичними цінностями й раптово привернули до себе увагу читачів по всьому світу.

В основі Майдану була поезія: на головній сцені протестувальники читали через гучномовці балади національного поета Тараса Шевченка. Поети приходили на місце протестів, щоби почитати свої вірші і щоб долучитися до Майдану. Рядки поезії опору ставали нашвидкоруч напиленими графіті на центральній площі і в багатьох місцях. Поезія, писана по-українськи, зв'язувала в одно поневіряння незгодних, вільнодумців та повстанців упродовж століть. У заповітній землі молока і меду, за яку пролилося стільки крові, поезія українською мовою має довгу і страдну історію, бо ж сама мова зазнавала утисків та переслідувань у багатьох поколіннях.

Нині нові покоління поетів наснажуються у незалежній Україні після падіння Радянського Союзу. Вони пишуть чуттєво, з гумором і дотепом, зріло, з оптимізмом та песимізмом. Вони граються з мовою: то бгають її до найвищого піку складності, то опускають до утробного сленгу. Вони черпають з багатющої демографії мов і говірок своєї землі: української, російської, польської, їдиш, татарської, лемківської, бойківської, гуцульської чи русинської. Вони роблять усе це з уважним і обережним поглядом у майбутнє.

У цій серії видавництво Лост Горз презентує сучасну українську поезію в англійських перекладах, поезію більш знаних поетів, таких як Юрій Андрухович і Сергій Жадан, та менш упізнаваних, як Ірина Старовойт. Ці двомовні видання призначені для того, щоб відкрити любителям поезії і тим, хто вивчає літератури та мови світу, прекрасну лірику, яку зараз пропонують українські поетки й поети.

INTRODUCTION *to the*
CONTEMPORARY UKRAINIAN POETRY SERIES

In November 2013, Ukraine surfaced to the world stage when hundreds of thousands of Ukrainians took to the central square of Kyiv, the Maidan, to protest then-president Viktor Yanukovych's failure to sign a trade agreement that would bring the country closer to the European Union. The protests, which became known as the Euromaidan or Revolution of Dignity, signaled Ukraine's affinity with Western democratic values—bringing them closer to readers across the world than previously expected.

At the heart of Maidan was poetry: Protesters read ballads by the national poet Taras Shevchenko over the loudspeaker on the main stage. Poets came to the spaces of protest to read to others and to participate. Lines of poetry of resistance were scrawled in graffiti in the central square and elsewhere. Poetry in the Ukrainian language, among others, has knit together the tribulations of strife, dissidence, and revolt for centuries. In a coveted, yet embattled, land of milk and honey, poetry in the Ukrainian language has a long and tenuous history, as the language itself has faced repression in various forms for generations.

Today, a new generation of poets have thrived under Ukraine's independence after the collapse of the Soviet Union. They write with sensitivity, humor, wit, maturity, optimism, and pessimism. They play with language: from wringing it to the highest echelon of its complexity to punning on gutter slang. They draw on the rich linguistic demographics of their land: Ukrainian, Russian, Polish, Yiddish, Tatar, Lemko, Boiko, Hutsul, and Rusyn. They do all this with a watchful, tentative eye toward the future.

In this series, Lost Horse Press presents contemporary Ukrainian poetry in English translation, written by both established poets, such as Yuri Andrukhovych and Serhiy Zhadan, as well as emerging writers like Iryna Starovoyt. These dual-language editions aim to expose lovers of poetry and students of world literature and language to the fine poetry offered by Ukrainian poets today.

ВСТУП ДО *РОДОВИЩА ЗНАЙД*

Бувають такі епохи, коли справа поета—говорити, ставати рупором, вести за собою розкотистим пророчим тембром. Для Ірини Старовойт теперішній час асоціюється не так з потужністю поета-промовця, як вимагає поетичного дару бути добрим слухачем. "Нам треба поетів, щоб були, як повітря". Це точно не заклик до безтілесного письма, навпаки, це усвідомлення, що поети більше слухають, ніж говорять, і що сучасні поети—спостерігачі у пташиному леті. Її погляд не віддалений чи відчужений. Ця птиця пурхає швидко та зовсім низенько по вулицях свого міста, послідовно визбируючи різні окравки повсякденного життя, гілочки пам'яті і розсипані культурні скарби, щоби звити гніздечко вірша. Ірина Старовойт саме така поетка. Вона призбирує все, що впадає в око: мову, пам'ять, історію, міфологію і технологію, парадокси, іронії, дивогляди культури, ідіоми, тріумфи й трагедії. Вона слухає і тоді ділиться з нами своїми знахідками, промальовує карту, пунктиром наводить сузір'я, щоби привідкрити нам наше життя і життя інших у глибокому, відвертому та інтимному вірші.

Ірина Старовойт—поетка, есеїстка, літературознавиця і перекладачка, яка живе і працює в Україні, у Львові. Вона доцент кафедри культурології Українського католицького університету. Взаємодоповнювальні практики дослідницького мислення і поетичного письма проявляються у цих текстах, коли Ірина Старовойт бере на себе роль розслідувачки власного минулого і минулого тих, хто опинився поруч. Вона картографує чесноти та прокляття забування, переданого через покоління, пов'язуючи розрізнені сліди історії, пам'яті та травми, які живуть у її споминах, у споминах друзів чи родини, у будинках і вулицях Львова, на землях України, і в текстах, листах та рукописах, котрі виходять на яв, мов знайди, на полях історичного пошуку.

INTRODUCTION *to A FIELD OF FOUNDLINGS*

In certain epochs it is the provence of the poet to speak, to serve as a mouthpiece, to lead with a resonant, prophetic timbre. For Iryna Starovoyt, now is a time that less requires the strengths of the poet as speaker, and more necessitates the poet's gifts as a listener. "We need poets to be air." Certainly this is not a plea for writing with less substance, but is instead a conception of the poet as observer—the poet with a bird's-eye view. This view is not distant nor aloof. This bird flies swift and low through the streets of her city, methodically collecting various scraps of daily life, the twigs of memory, and scattered cultural treasures to build her nest, the poem. Iryna Starovoyt is such a poet. She gathers everything in view: language, memory, history, mythology, technology, paradoxes, ironies, cultural curiosities, idioms, triumphs and tragedies. She listens and then shares her findings with us, she draws a map, traces constellations with a dotted line to reveal our lives and the lives of others to us in deeply clever, frank and intimate verse.

Iryna Starovoyt is a poet, essayist, literary critic, scholar and translator who lives and works in Lviv, Ukraine. She is an Associate Professor in the department of Cultural Studies at Ukrainian Catholic University. The mutual practices of thinking as a scholar and writing as a poet come through in the work featured here, as Starovoyt assumes the role of an investigator of her own past and the pasts that surround her. She maps the virtues and curses of forgetting across generations, linking the disparate traces of history, memory, and trauma that live in her own memory, in her friends and family, in the buildings and streets of Lviv, in the lands of Ukraine, and in the texts, letters, and manuscripts that surface, like foundlings, in the fields of historical inquiry.

A Field of Foundlings is the first book of Starovoyt's poetry in English translation. Starovoyt made her poetry debut in 1997 with her first book, *No Longer Limpid*, which received positive critical acclaim and brought her into the new generation of Ukrainian

Родовище знайд—перша книга поезій Ірини Старовойт в англійських перекладах. Вона дебютувала як поетка у 1997 книгою *Вже не прозорі*, яка отримала прихильність критиків і зарезервувала їй місце серед покоління дев'яностих. Чимало її віршів потрапили до антологій і були перекладені польською, литовською, вірменською. Композиторка Олеся Здоровецька перетворила її поезію на музику. Значна частина віршів цієї збірки походить з однойменного розділу "Родовище знайд" із книги 2014 року *Гронінгенський рукопис*. Ірина назвала її за місцем написання у Нідерландах, де вона працювала дослідницею у проекті "Війни пам'ятей" на кафедрі славістики Гронінгенського університету з 2012 по 2013 рік. У цій збірці є й новіші тексти, як-от "Ця земля тисячу років тримала небо," "Хлопчаки-дипломати," "Сестри більше не плакатимуть." Вплив Майдану, революції і війни, а також наступних перетворень політики та ідентичностей в Україні тут особливо помітні.

Ми представляємо цей томик поезій Ірини Старовойт в англомовних перекладах, прагнучи поділитися її чутливістю української поетки з новими читачами і показати транснаціональну природу цієї поезії та її місце у світовій літературі. Зусилля літературного перекладу, особливо перекладу поезії, завжди стикається з низкою викликів і несподіванок. Кожен з цих віршів поставив певні запитання та проявив непокору перед перекладачкою, однак кожне рішення було прийняте з турботою і любов'ю. Чимало втрачено на виході з української, але дещо й знайдено на вході в англійську. Ми горді представити цю книгу в форматі білінгви, щоб поділитися з читачами обома мовами і заохотити до діалогу культур.

—*Грейс Магоні*

poets. Many of her poems have been included in anthologies and translated into Polish, Lithuanian, and Armenian. Artist Olesya Zdorovetska has also set Starovoyt's poetry to music. A significant number of the poems featured in this volume come from the eponymously titled section, "A Field of Foundlings," in her 2014 book, *The Groningen Manuscript*. Starovoyt titled this book after Groningen, Netherlands, where she was a research associate on the "Memory at War" project in the Department of Slavic Languages and Literatures at the University of Groningen from 2012 to 2013. This volume also features more recent works of Starovoyt's including, "For a thousand years this land supported heaven," "Diplomat Boys," and "Your sisters will no longer weep." The influence of the Maidan revolution, war, and subsequent political and identity transformations in Ukraine is especially evident in these poems.

We present this volume of Starovoyt's poetry in English translation in an effort to share her sensibilities as a Ukrainian poet with new audiences and display the transnational nature of her poetry and her place in world literature. The endeavor of literary translation, especially poetry, always comes with a host of challenges and surprises. Each of these poems posed their own questions and defiances to the translator, but each decision was made with care and love. Much is lost coming out of Ukrainian and some is gained coming into English. We are proud to offer this book in dual-language format to share both languages with the reader and encourage a dialogue across cultures.

—*Grace Mahoney*

A FIELD OF FOUNDLINGS

РОДОВИЩЕ ЗНАЙД

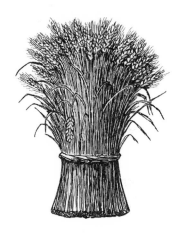

Ця земля тисячу літ тримала небо
грушами куполів, дзвіницями,
ярмулками синагог, мінаретами мечетей.
Щодо українізації.
Це не так, як ти думаєш.
Це щось вкрай особисте і стається не з кожним.
Просто одного ранку у Києві
Inhiherda каже на себе: "Ірина",
Κύριλλος називає себе Кирилом,
а Серґо—Сергієм.
Мова, про яку спершу наказували,
що така не існує,
згодом подейкували,
що вона вродилася глухонімою селючкою,
тому з нею можна все –
вона ж не посвідчить в судах, та й де ті суди,
а для *межународнава трібунала*
нужен ґенацид і всьо такоє прочєє,
а ґенацида то нєт.
Бачиш, наші війни не бувають триденними.
А люди не такі вже й двожильні.
Нам не треба приймати закони про право на забуття.
Навпаки, нам запекло слід пам'ятати,
насамперед про майбутнє.
Я біженка, я біжу, як кров, по своїй землі.
Не можу втекти, але можу витекти вся,
бо де мій пакет із Celox-ом?
І тоді залишаться тільки побиті горшки, як з Трипілля,
тільки терикони зі шлаку і сліз, як з Донбасу.
Це навіть ліпше, що ти не знаєш,
що робити в таких випадках,
бо ті, хто знали, тільки казали, що знають.
Врятуй мене.

For a thousand years this land supported heaven
with the pears of domes, with belfries,
with the Yamakas of synagogues, with the minarets of mosques.
And then Ukrainianization.
It's not quite what you think.
It's something rather personal and doesn't happen with everyone.
Simply one morning in Kyiv,
Inhiherda says to herself "Iryna,"
Κύριλλος calls himself Kyrylo,
and Sergo—Serhiy.
They decreed that the language
didn't really exist in the first place.
After that, it was rumored
that the language herself was born as a deaf bumpkin.
As such, you can do anything to her,
and she can't sue—there are no courts,
because for *ze eenternashional tribyunal*
ve need jenocayd and all such tings
but zer eez no jenocayd.
You see, our wars don't happen in three days,
and people don't have two lives.
We don't need the legislation of amnesia.
On the contrary, we remember with tenacity,
especially for the future.
I'm a refugee. I run, like blood, across my land.
I can't get away, but I can spill it all.
Where's my packet of Celox?
All that remains are just the shattered pots of our neighbors,
    like from Trypillia,
just heaps of slag and tears, like from Donbas.
It's even better that you don't know
what to do in such cases,
because those who knew, only said that they knew.
Save me.

На цій землі з грушами куполів, дзвіницями,
ярмулками синагог, мінаретами
уже стількох не врятовано назавжди.
Ти зможеш, я знаю.
Просто впізнай у мені себе.
Говори мене мовами.
Зализуй мене язиком.

In this land with the pears of domes, with belfries,
with the Yamakas of synagogues, with minarets,
already so many are lost forever.
You can, I know.
Simply see yourself in me.
Say *me* in languages.
Use your tongue, salve my wounds.

Це сон такий, щоб заважати снам:
на тлі вікон, нарошне не до ладу,
удосвіта ставати сам на сам
перед лицем весни і листопаду.
Ти, архітектор цієї висоти,
Евкліда з не-Евклідом переплутав.
Не з відчаю, не в тяжкую минуту,
ти виміряв, а вистрелив не ти.
З тобою горній глас не говорив.
За сорок років совість не будила.
А тут: «Верни мені цей вододіл.
Я сушу з морем ще не розділила.
Язъки не змішала пів-на-пів.
І мертвих не взяла під оборону.»
Історія виходить з берегів,
а пам'ять пам'ятає заборони.
Ніяк не можна перебити сон.
Безсоння і під ковдрою мобільний.
І в кожному з піддослідних вікон
пантрують свідки зрячі і прицільні.

It's a kind of interrupting dream:
Backdrop of windows, disorder beyond,
standing alone at dawn,
watching leaves fall in Spring.
You, the architect of this height,
a Euclidian non-Euclidian mash.
Not in desperation nor a heavy moment,
you took aim, but didn't shoot.
A Higher Voice didn't speak with you.
For forty years your conscience never woke.
And now "Return this watershed to me.
I have not yet divided land from sea.
I haven't mixed the nations half and half.
I haven't made a shelter for the dead."
History tides over the shore.
And memory remembers all
that is forbidden.
Nothing can wake you. Insomnia
or the cell phone under the blanket.
And through each window the witnesses
peer, watching. They ready their aim.

Іноді мені видається, що я, як Афіна,
вийшла Зевсові з голови.
Дорослою жінкою, з усіма своїми см і кг,
у зручних обладунках, глибоко за північ.
Пологи були атипові.
Я була його первістком—його першою думкою.
Біла сова вполювала моє плече.
—Атено, ти знаєш, що в тій голові?—
зітхала з удаваним захватом Гера,
не певна свого материнства.

Я знала. Ще стільки всього було до роботи:
не посаджені оливні гаї,
не винайдено плуг,
не захищено місто,
не впольовано мистецтв і ремесел.
Стільки героїв без мене могли змиршавіти,
просто зійти на пси:
Ясон без золотого руна,
Геракл без 12 подвигів,
Одісей без навколосвітньої мандрівки додому.
Мої любі старі хлопчаки.

Вперше уздрівши мене,
чорну Афіну з білою совою «Що? Де? Коли?»,
ті, що шукали у мене відповідей,
забували свої запитання.
—Ну, і в чому проблема,
улюблена дочко Батька богів і людей?
—Не знаю, не знаю . . .
Може, в тому, що (так насправді)
я найбільше хотіла
не виходити йому з голови.

Sometimes I feel like I'm Athena,
born from Zeus' mind.
Fully matured, all my cm and kg,
in comfortable armor, well into the night.
The delivery was atypical. I was his
firstborn—his first thought.
The white owl catches my shoulder.
—Athena, do you know what's on his mind?—
Hera sighed with the imitation of excitement,
unsure of her motherhood.

I knew. There was so much to do:
the olive groves were unplanted,
the plough, not invented,
the city, undefended,
arts and crafts undone.
Without me heroes would decay,
gone to the dogs:
Jason without his golden fleece,
Hercules without his twelve deeds,
Odysseus without his journey home.
My lovely old boys.

Seeing me for the first time black
Athena with my white owl, "What? Where? When?"
those who sought answers from me
forgot their questions.
—Well, and what's the problem,
beloved daughter of the Father of gods and humans?
I don't know, I don't know . . .
Maybe it's just that (truly)
most of all, I never wanted
to leave his mind.

Поки я була ще маленькою,
мене часто строїли і питали:
Хто винен? І що нам робити?

—Цілувати і плакати,—казала їм
схожа на мене круглоголова дівчинка
з побитим коліном,
обстрижена налисо, ніби Будда,
у вошивому дитсадку.

—От молодець,—усміхалися схвально
тітоньки й дядечки на чорно-білих знимках.
Чужі тітоньки, напрочуд жіночні,
якими мені не стати ніколи,
з запахом любистку в волоссі,
зістарілися незаціловані.
Не мої дядечки, з сивиною в щетині
і бісом в ребрі,
в аурі диму від доброї файки,
пішли неоплакані.

І тільки круглоголовий сусідський хлопчисько,
з розбитим на ковзанці часу коліном,
дибуляє у всевидющих сльозах,
бере мене за плече і шепоче поважно:
—*Kiss and cry.*
Ну, розкажи мені те,
чого не казала нікому.
Не бійся, я не *н і х т о.*

When I was still young,
I was put into line and asked:
Who's to blame? What's to be done?

—Kiss and cry,—answered
the round-headed girl who resembled
me, a bruised knee,
shaved head, bald as Buddha,
in the lousy kindergarten.

—Ah, good girl,—approving smiles from
aunts and uncles in black and white photos.
Unfamiliar aunts, immensely feminine—
which I will never be—
with the scent of lovage in their hair,
who grew old, underkissed.
Not my uncles, with grey bristles
and a devil in their ribs.
They left in the smoke
of a good pipe, unmourned.

And only the round-headed neighbor boy,
with his knee bruised on the ice rink of time
limps with compassionate tears, takes me
by the shoulder and whispers earnestly:
—*Kiss and cry.*
Well, tell me what you have never
told anybody. Don't be afraid,
I'm not just *a n y b o d y.*

Робота любові—чекати.
Не тому, що все інше для неї—це хобі.
А тому, що ніхто, крім любові,
не зробить цього професійно.

Так, вона на це вчилась:
у неї інтернатура і кандидатська
з чекання.
І стаж—довший, ніж деякі язики.

Триста разів їй казали,
що чеканням на хліб не заробиш,
що є ліпші оферти
і час плюнути і повісити резюме
де-небудь на work.ua.

А не чекати наосліп, напам'ять,
завченим рухом і третім оком.
Чекати швидко й повільно:
25 кадром у фільмі,
25 годиною в добі.
Чекати, переходячи всі межі
людяності.
Чекати, не вірячи власним очам.

Тож коли гасне світло поволі
і ми один за одним виходимо
кожен з іншого кіножиття
«Почекайте,—виводить вона на тачскріні,—
почекайте, це ще не кінець.»

The work of love is to wait.
Not because the rest is a hobby for her.
But because nobody but love
will do it professionally.

Yes, she has trained for this:
she has an internship and PhD
in waiting. And a service record
longer than some tongues.

Three hundred times they told her
that one can't win bread from waiting
that there are better offers,
and it's time to spit and post
her resume somewhere on *work.ua*

And not to wait blindly, by heart,
with automatic movement and the third eye.
To wait fast and slow:
until the 25th frame of film,
until the 25th hour of the day.
To wait, crossing all the limits
of humanity. To wait,
not believing your own eyes.

So when the light dims and we go out
one by one, each from a different cinema life.
"Wait," love scrawls as if on a touchscreen,
"Wait, this is not *The End*."

Жінка, яка не стала колись піаністкою,
мусила зробити ще тисячу виборів не:
не прийняти бажаного за дійсне,
не пропустити казкову підказку,
вийти із ситуації і знову зайти.
Ніщо не було таким певним, коли ще було майбутнім.
Ні місто юних амбіцій і старих камениць,
ні прокидання під кузенові гами на довоєнному ф-но,
ні чуже серце у рідних грудях,
ні щирість заздрісників.
Один плюс один не дорівнювало ні два ні чотири.
Взагалі ще не було ні плюса ані мінуса,
бо резус-фактор відкрили якось перегодом.
За червоною школою була біла,
а далі не було вже жодної твердості
і ннкому було поставити "добре" в каліграфічний щоденник.
Треба було провалитися крізь землю на поточному іспиті,
і не знайти свого імені в списках щасливих,
щоби розчути, як доля імпровізує на довоєнному ф-но,
щоб розчитати у розподілі до провінційного інтернату
прізвище власних ще не рожденних дітей.
Жінці, яка не стала піаністкою,
так само цілеспрямовано
довелося не стати багато ким,
жити дивним життям, в якому мене не було,
двічі не вийти заміж
(як ми тепер знаємо, вдало),
і не зробити жодного весільного фото,
щоби живою контрабандою
прослизнути по цей бік історії,
з того, що тільки могло би бути,
у те, що насправді є.
Скільки б разів я не слухала на добраніч
ці архаїчні перекази,

The woman who never became a pianist
had to make a thousand more non-choices:
to reject wishfulness from reality,
not to miss a fairytale hint,
to escape a situation and find a way back in.
Nothing was certain when it was still the future.
Neither a city of young ambitions nor of old stone buildings,
not waking to a cousin's clamor on a prewar piano,
no alien heart in the chest of kin,
no sincerity of the jealous.
One plus one did not equal two or four.
All in all no plus or minus,
the Rhesus factor was discovered later.
Behind the red school there was a white one,
and further there wasn't any solidity,
no one to give a "good" mark in the calligraphic notebook.
She had to botch the placement exam,
and did not find her name on the list of lucky ones,
to hear how fate improvises on a prewar piano,
to read on the provincial school teaching roster
the surname of her unborn children.
The woman who did not become a pianist
with the same determination
did not become many others,
to live a strange life, in which I was absent,
twice not to marry
(as we now know, happily),
and not taking any wedding photos,
in order to slip onto this side of history
with a contraband life, from that
which only could be
to that which really is.
How many times I listened at bedtime
to these archaic legends,

ці невідзняті сценарії,
я щоразу тримала за неї кулачки,
я боялася, але вірила що є духу,
щоб жінка, яка не стала колись піаністкою,
все-таки стала моєю мамою.

these unstaged scenarios,
every time I kept my fingers crossed,
afraid, but believing with all my might
that the woman who didn't become a pianist
nevertheless becomes my mother.

Вже моря по коліна, по плечі, на плечах лупа
білих спогадів, що опадають по двоє, назавше.
Тільки й пам'яті тіл, тільки й світла доки (зопалу)
не сфальшуєм минуле, у вічку підгледівши *завтра*.
Староміщина поміж твоїм і моїм ім'ям.
Як без перснів звістити, як теплі долоні схрестити,
щоб старий міщанин простирадел нам не зім'яв,
щоб по честі родам в непроникні очі дивитись?
Видно осінь і осад, і враз посивілі міста.
Нам не досить себе і своєї утоми не досить,
бо зозуля з годинника, пробі, не знає до ста,
а коли не до ста, то який повнострадний досвід?
Так цигани без дому у шатрах напитують дім.
Так запущені діти, як борги, у батьків виростають.
Так помазані миром солдати великих надій
сліпнуть, світять вогнем і не видко хреста їм.

The seas are already up to my knees, my shoulders, on them
the dandruff of white memories falls in pairs, forever.
All that is left of corporeal memory, of light, until (rashly)
we wreck the past by peeping through the keyhole to *tomorrow*.
Old Town stands between your name and mine.
How to declare without rings, how to cross warm palms
so the old bourgeois don't wrinkle our sheets,
to be seen in the impenetrable eyes of our ancestors?
See the autumn and residue, and suddenly grey cities.
It's not enough to give of ourselves, our fatigue—insufficient.
Let's wish each other to live to a hundred,
and not mind whether it's a blessing or a curse.
This is how gypsies start their homeless homes.
This is how neglected children, like their parents' debts, grow.
This is how soldiers of peace, called to end all wars,
come to the fires and burn away their souls.

До солоного поту маловмілі натрудиш руки,
щоби черство дійти до постелі і так упасти.
Розпирає легені легенька крихта розпуки—
так чекають штафети чи ще якої напасти.
Призупинена смерть проступає рубцем на тілі.
Каламутиться кров, ледве шкіра кості тримає.
Залишається шанс проявити себе на ділі,
але досить діткнути—і діла уже немає.
Якщо в с е наперед, тоді пощо людей натягати?
Нащо гнізда лишати? В черешневу денцівку дути?
Доки зможеш триматись чогось, чого варто триматись,
до солоного поту маловмілі трудитимеш руки.

You will overwork your unskilled hands until the salt sweats,
in order to go callous to your bed and collapse.
A light crumb of despair ruptures your lungs—
waiting for fatal news or other misfortune.
Suspended death comes as a scar on your body.
Blood clouds, skin barely holds bones.
There remains a chance to prove yourself,
but whatever you touch—falls apart.
If everything is destined, then why fool people?
Why leave the nest? Why play the piper?
Once you find something worth holding, again
you will overwork your unskilled hands until the salt sweats.

Залишається крок до Збруча, що від холоду гусне.
Цмулиш тишу примерзлу: от-от і теліпне хвостом.
Мов який характерник, повітря надламуєш. Куснем
пропекучого льоду висвячуєш воду. Над нею—мостом—
висне все, що і так під водою з'єдналось невдало.
Хто кордони значив, імовірно, і креслив, і кляв.
Тільки риба-немова,не впіймана в жодні аннали,
не пішла тобі в руки. Та й ти не пішов відсіля.

One step remains to the Zbruch, the river thickens in the cold.
You sip on frosty silence: one, two, and the fishtail flips.
As if charmed, you crack the air like an icicle. With this burning
breakup you bless the waters. Above it—like a bridge—
hangs all that was unconnected below.
The cartographer was likely drawing and cursing, at once.
Only the mute fish, uncaught in any annals,
did not come into your hands. And you couldn't come away.

Буває, що ми сприймаємо батьківщину
як особисту причину—
родимку, долю, ритвину пам'яті
(непотрібне не можна скреслити).
Живемо у глиняній нації,
зліпленій з кількох половинок:
коли в глину вдихнули життя—
з сусідами побили горшки.
Ліва рука стирає все, що малює права.
Ціле видається меншим за суму зусиль.
Будимося від медійних ідилій
з причуттям «ми останні, хто ще пам'ятає.»
Могила невідомого солдата
може стати родинним склепом:
з половини немає надгробків, а з декого і труни.
Війна всіх проти всіх триває,
див. коменти у неті.
Наші друзі відходять, найкращі, найближчі,
і не знаємо, сироти, що робити з їхнімі блогами
і сторінками в *facebook*.
Історія кожної батьківщини починається з книги облич—
з родинних світлин з кількома невідомими:
декотрі персонажі навмисно затерті,
про інших нема уже в кого спитати.
Може й тому, повертаємось, щоб залишитись.
З особистих причин.
Бо Богданчик цілком подібний до Богдана.

Sometimes we think of our homeland
as a personal matter—
a mole, a fate, a scar of memory
(the unnecessary cannot be crossed out).
We live in a clay nation,
sculpted from several halves:
when life was blown into the clay—
we broke the jars with our neighbors.
The left hand erases all that the right draws.
The whole seems less than the sum of the efforts.
We wake to lulls in the media with the sense
that "we who remember are last."
The tomb of the unknown solider
could be a family vault:
half without gravestones
and some without coffins.
The war of all against all continues,
see comments on the web.
Our friends depart, the best, the closest,
and we orphans don't know what to do
with their blogs and Facebook pages.
The history of every homeland starts from a book
of faces—of family photos with several unknowns:
some characters are scratched out, about others,
there is no one to ask.
Maybe this is why we return to stay.
For a personal matter.
Because Bohdanchik is just like Bohdan.

Ти був тільки епізодом мого життя.
Але й за епізодичні ролі дають «Оскара».
Ти вчив гладити поглядом стіни,
крізь які можна бачити,
і обирати сходи,
якими можна піднятися над собою.
(Тепер скрізь замість сходів ліфти).
Але й Міс ван дер Рое мав ці пітливі нічниці,
яким би позаздрив Хічкок.
Він не відгонив їх з криком:
—Як можна будувати хмародери після Освенціма?
Less is more? Що це взагалі означає?
А після 9/11?
Не говорім про політику, з якої, як з ліфта,
не вийти між поверхами.
Говорім про недосконалість світу,
який збудували не ми.
Ну, і кому з наших вдалося залишити його ліпшим,
аніж застали?
Кажуть, тепер наймодніші архітектори
будують не будинки, а місця пам'яті.
I rest my case. Дякувати не-знаю-кому,
проект не завжди стає спорудою,
прогноз не завжди стає погодою.

You were only in an episode of my life.
But it was an Oscar-worthy performance.
You taught me to brush the walls by sight,
through which you could see,
and choose the steps
by which you could better yourself.
(Now everywhere elevators replace stairs).
But even Mies van der Rohe had these night sweats,
the kind Hitchcock would be jealous of.
He didn't drive them away them with a scream:
— How can you build skyscrapers after Auschwitz?
Less is more? What does it all mean?
And after 9/11?
Let's not talk politics, like in the elevator,
there's no exit between floors.
Let's talk about the imperfection of a world
that wasn't built by us.
Well, and who of us managed to leave it better
than we found it?
Now, they say, the most fashionable architects
build not buildings but places of memory.
I rest my case. Thanks to I-don't-know-whom,
the blueprint doesn't always become a building,
the forecast doesn't always become the weather.

Нині і я ступила на сходи бібліотеки на Вест Ровд
перед зачинені двері, в які сто літ тому не впустили тебе . . .
Думаючи про тебе, не зводячи погляду
з мавзолею з десяти мільйонів книжок і людей.
Про файли, що не згорять із сорому
і не втонуть в інформаційних стоках.

Тепер ти вся на серверах-книгосховищах Сассекса.
Оригінали—
у двадцяти шести пахучих картонних пачках.
Хранителі кажуть про кожну поштиво:
"Еделайн Вірджинія Вулф."
Так, наче в ній твоя права невтомна рука
щоночі ще водить таємним чорнилом.
Як біометричні хіроманти на кордоні твоєї країни,
вони все зцифрували—
і фрашки приватні, і вирізки із газет.

Бачиш, життя вже не прочерк між датами,
життя після смерті—твої метадані.
Страшно, що дітям, так ніби злочинцям,
побирають зразки ДНК.
Страшно, що ми вже сприймаємо це як здобуток.

Тепер тобі, щоби зникнути зовсім,
доведеться вступити у змову
ще й з головним сисадміном.
То гарний хлопець—хакер і робін гуд.
Поясни, що ти не відбілюєш свій медіашлейф.
Це має бути таки самогубство у неті:
ти виходиш оффлайн.
Ти назавжди стираєш свій профіль.
І додай, не відводячи погляду:
—Я, знаєте, завше любила цей профіль більш, ніж анфас.

Today I finally ascend the steps of the library at West Road
before the doors that were closed to you one hundred years ago . . .
I'm thinking about you, taking in the view
of the mausoleum of ten million books and people.
About the files that don't burn from shame
and won't drown in the information gutters.

Now you are on all the server-bookstacks of Sussex
Originals—
in twenty-six musty carton packets.
The keepers, with deep respect, say about each:
"Adeline Virginia Woolf."
Yes, as if every night your right, tireless
hand scrawls on them with invisible ink.
Like biometric palmreaders at the border of your country,
they have deciphered everything—
your private quips and newspaper clips.

You see, life is no longer a dash between dates,
your metadata is life after death.
It's scary that we take from children,
as if they are criminals, DNA samples.
It's scary that we see all this as an achievement.

Now in order to disappear entirely,
you have to conspire
with the chief system administrator.
Such a good guy—a hacker and a Robin Hood.
Explain that you aren't just whitewashing
your media trail—it has to be suicide
on the web: you're going offline.
You're erasing your profile forever:
—You know, I always loved myself in profile more than *en face*.

Якщо нас тільки двоє і один з нас зрадник—тоді хана.
Ми ж так щиро, так близько, що ближче вже не буває.
Ми робили все правильно. Вірили в імена.
І вселяли довіру таким, хто її виселяє.
У країні молодшій за нас, але старій ніби світ,
ми тут наступні жильці—недбалі, бо тимчасові.
Ми не знаємо власника і живемо в кредит,
хоч добровільним робом, хоч примусово.
Вперше сьогодні ти глянув на мене, як каїн на авеля.
Таким телевізорним поглядом: треба, то треба.
Якщо нас тільки двоє і один з нас зрадник—тоді це я.
І тоді ця кров на тобі, брате, на країні, на небі.

If there are only two of us and one is a traitor—then it's all over.
We're so sincere, so close, couldn't be closer.
We did everything right. We believed words held their meaning.
And let in trust when others were pushing it out.
In a country younger than us but as old as the world,
we are the next tenants—careless in our impermanence.
We don't know the landlord and live on credit,
sometimes voluntarily, sometimes by force.
Today for the first time you looked at me as Cain to Abel.
With such a television glance: what will be, will be.
If there are only two of us and one is a traitor—then it is me.
And then this blood is on you, brother, on country, on heaven.

Хлопчаки-дипломати з емоціями ему,
вам невтямки,
що можна народитись в газовій камері
і замість того, щоб здохнути,
рости, як котигорошки,
накачати і копнути
футбольного глобуса світу.

Що можна
любити зі сходу на захід.
Вивчати дифузію правди і кривди
на летальних невипадках повсякдення,
приймаючи від вас співчуття
і гуманітарку зі слів.

І можна в одному поколінні
перейти з чогось газоподібного
в вогненну воду і сланець.
Ми—народ- енергоносій.

Хлопчаки-дипломати з країн,
де сідає сонце,
тепер у вас на всіх
один дипло-мат.

Шукайте зілля на людське божевілля.
Дивіться і не відводьте погляду,
архівуйте скріншоти,
як наші хлопці—
також кімнатні, ніби рослини—
раптом ростуть на війну,
стають кактусами, агавами,
потім—текілою.

Diplomat-boys with ostrich inclinations,
you are clueless
that someone could be born in a gas chamber
and instead of dying,
grows like *Kotyhoroshko**
to pump and kick
the soccer-globe of the world.

Clueless, that one can love
from East to West. That one can learn
the difference between right and wrong
through the little casualties of everyday life,
accepting condolences from you
and the humanitarian aid of words.

Clueless, that in a single generation
one can transform from something gaseous
into fiery water and shale.
We — the people — are the energy source.

Diplomat-boys from countries
where the sun sets,
now you're all just one
diplomat-toy.

Search for the cure to human madness.
Look at us and don't look away.
Archive the screenshots
of how our boys —
domestic as houseplants —
suddenly grow to war
and become cacti, agave,
and then — tequila.

Як сивіють наші діти,
як вугляться наші міста,
як мерці падають з неба,
як живі вкопуються в землю.

(Перший янгол вид свій закриває).

Як вам страшно
комфортно
по т ой бік
екрану.

How our children turn grey,
how our cities burn like coal,
how the dead fall from the sky,
how the living burrow in the earth.

(The first angel covers his face).

How terrifying-
ly comfortable it is
to you on the other side
of the screen.

*A Ukrainian fairytale hero born from a pea seed (whose name means "roll the pea seed"). In a short amount of time he grows into a large, strong man who battles and defeats a dragon to save his own siblings. Even as the youngest, he is the most successful and strongest of his family, despite his humble origins. Although he has no blood relations, he remains a close and loving son and brother. The whole pathos of Kotyhoroshko is that "there are no dead ends."

Западеться земля. Западенці, відступим на захід.
Хід подій перетрублять комахи—ану перейми.
Оприсутнивши воші, будем чупри гребенити, заки
не відчинять голярні, де змиємо голови ми.
Чужина—все, що схочеш. Коли перестанеш хотіти.
Батьківщина—що зможеш. Коли перестанеш могти
перейти його вплав (океан), що збирає поти,
інтернетні листи і кириличні наші діти.
Лиш Никифор з Криниці, як птаха,—ні сіє, ні жне.
І поточений шашелем зруб тратить пам'ять. І грудень.
І Христос на розп'ятті кривавить і віри не йме,
ніби той, хто його породив, і вбиває, і любить.

The earth collapses on itself. We Westerners, return westward.
The course of events will be eaten by termites—try and stop them.
We comb the lice from our forelocks until exhausted,
until the barbershop opens, and we will wash our heads.
A foreign land—everything you desire. Until you stop wanting.
A homeland—everything you have. Until you stop being
able to cross the ocean by swimming. It collects sweat,
internet cables, and our children's Cyrillic.
Only Nikifor of Krynica,* like a bird,—neither sows nor reaps.
And the termite-ridden frame loses its memory. And December.
And Christ on the cross is bleeding and cannot believe
that the One who created him both kills and loves.

* A Lemko folk and naive painter of the early 20th century.

НЕПОМУК

Не маєш ні диму, ні дому, а в тому—гостей.
Перевтілення спогаду—єдиний інтимний гармидер.
Набираєшся духу невдахи: вдих видих.
Обираєш Непомука—приклад статечно простий.
Брами приймали його і випускали далі.
Дорога віри прослалась картою зморшок.
Під черепом голим заледве змістився мозок,
кайдани замкнувши щоміць, як защіпи сандалів.
Покутний ланцюг (запорука зв'язку із небом,
також—рівноваги думок) бряжчить, а тримає.
Шрами сирі, як фрески. І мука така проймає,
ніби—уже без дому—гостем зайшов до себе.

JOHN OF NEPOMUK

You have no fireside, no home — in it, no guests.
The reincarnation of memory — only an intimate mess.
You gather the courage to be a loser: breathe in and out.
You choose Nepomuk — a steady, simple example.
The gates let him in and pushed him out.
The road of faith unfolded on a map of wrinkles.
The brain barely fit beneath the bare skull,
it locked the shackles like buckles on sandals.
The chain link rosary (a little pledge from heaven,
a balance to your thoughts) chinks but holds.
Your scars are fresh as frescoes. Suffering penetrates
you — and already homeless — you return as a guest.

СТАРИЦЯ ДОМНІКІЯ

Перша всихає криниця з живою водою.
Тоді відпадає потреба людей і люстра.
Далі не треба. Видалена розпуста
майже за сорок дає тобі спокій: тою
двічі не будеш, що разом і може, і має.
Добровільно віддати болючіше, ніж віддатись.
Вдячна, бо так зуміла, тепер мовчиш кострубато
над листами русина з Афону, що не проймають.
Марні ґрати вікон розкльовує голуб. Вабить
знак небожителів, але гріхи спиняють.
Приймаючи харч пташиний, від посту себе звільняєш,
як від стидкого ока, що вже не вадить.

MOTHER SUPERIOR DOMNIKIA

The well with the living water dries first.
Then there is no need for people and mirrors.
No need to go further. Amputated seductress,
almost past forty, gives you peace of mind: you will not
be one who both can and has. It hurts more
to give of yourself than to give yourself.
Grateful that you managed and are now clumsily silent
over letters by a Ruthenian from Mount Athos;* they don't penetrate.
A dove pecks at the useless window bars. You are attracted
to the sign from heaven, but stopped by your sins.
By taking the bird crumbs, let release come from your fast,
as from a seductive eye, which no longer hinders you.

*Ivan Vyshenskyi, a 16th century Ukrainian Orthodox monk and
religious philosopher.

АНДРІЙ ЮРОДИВИЙ

Юродивому кара за сказ: убоятися смертних.
Матір тебе прокляла, підкорившись втраті.
Мало що захитавшись у власній статі,
узгіднив: між тобою і нею стоїть хтось третій.
Проповідниче віри у подвигу немовчання,
розпаношені вдови збиткують тебе нізащо:
"Чи оздоровив кого? чи гірше-краще
чудо содіяв? Бо що з твого вболівання
над безоднею жадною плоті, над долею світа
коли нам, окаянним, немає у ньому припони . . ."
На вимогу ченців і прочан розпрозорюєш титла,
ніби свічка, запалена при чудотворній іконі.
Радіація віри опромінює косми, а душу
Христос юродивих розважно бере на поруки.
Менше святий, ніж безмовний, ще чуєш, як згуки
невідомої мови хрипнуть в тобі—і душать.

ANDRIY THE HOLY FOOL

The holy fool's punishment for his disability: fear of mortals.
Your mother cursed you, submitting to the loss.
There is some hesitation in the nature
of your sex: between you and her stands a third party.
The good preacher believes in the feat of heroic speech,
heckling widows mock you for nothing:
"Have you healed anyone? Have you for better or worse
performed some lousy miracle? What are you crying over?
The abyss of bodily greed? The fate of the world?
While we, damned, have no absolution . . ."
At the request of monks and pilgrims, they ignite you
like a candle, lit by a miraculous icon.
The radiation of faith haloes around your head.
The Christ of Holy Fools takes your soul as collateral.
Feeling less holy than mute, you finally hear how the sounds
of an unknown language rise in your throat—and strangle you.

Неписаним правилом є не писати про нас.
Рухи для двох щиріші, доки без назв.
Сніги утікають, зрадивши зиму й тих,
хто до весни дожити так і не встиг.
Небо кругле й безлюдне. Небо знає печаль.
Темні води розлуки хлюпочуть своїми звичаєм
в непочатих дощах. Проти хвилі пливем, пливем.
Тільки щось не пускає: смертне, значить, живе.

На старих фотографіях біло-коричневі дні.
Білі стіни будівель коричні по другій війні.
Так вертали додому. На лицях оздобний піт:
посивілий мій вуйко, а поруч—наопаш—дід.
Тим то снились бабуні (щоночі) четвертий рік,
а бабуня боялись сон той змити з повік,
лиш сплакнувши. Лишали нам, бо пора,
кілька правил поводження—заповідей добра.
Хліба просити в молитві на день, терпіння—на вік,
слухати й дурнів, бо мудрі не все праві.
Не склинати при дітях, не залишати сміття
у періоди затишку (цілу решту життя).

Очі згори пильнують за тим раз у раз.
В кожному домі спогади старші за нас.

The unwritten rule is not to write about ourselves.
Moves for two are more sincere, as long as they're unnamed.
The snows retreat, betraying winter and those
who didn't last till spring. The sky is round
and solitary. The sky knows sorrow.
Dark waters of separation splash in the clouds
of anticipated rain. Against the current we swim, swim.
Only something hinders us: something mortal, something living.

Days in old photographs are cream and sepia.
White walls of buildings are cinnamon after the second war.
That's how they came home. Ornamental sweat
on their faces: my uncle had turned grey, and Grandpa
with an open trench on his shoulders. Grandma dreamed
of them for four years (every night) afraid that she would wash
them from her eyelids with weeping. Then she left us—it was time—
a couple of life rules—commandments of good:
To ask in prayer for enough bread for the day and patience for life,
to listen to the fools, because wise men aren't always right.
To not curse in font of children, to not litter
in times of comfort (let it be for the rest of our lives).

Eyes from above continue to guard.
In every home memories are older than us.

Як ми прощалися з юністю—німо, без мансів,
помахом, схожим на кожне буденне "Бувай . . ."
не залишаючи Мазоху жодних шансів,
Indian summer, нейтральна музичка, драйв.
Літо найліпше вночі. У теплій й темноті (очі в очі)
ми вчилися різати правду на рівні шматки.
Наші чоловіки їли її неохоче—
певно, задобрі були чи їм було не з руки.
Втомлені літом, відвертістю, ще раз прощались,
дублюючи тему з запізненням на півмить.
Темнота коливалась, тепло ув очах вигасало.
Дихали нам в потилиці ніздрі німих самиць.

That's how we said goodbye to our youth—silently, without devices,
waving, just like an average everyday "Good bye . . ."
not leaving Masoch any chances,
Indian summer, neutral music, a drive.
Summer is best at night. In warmth and darkness (eyes in eyes)
we learned to cut the truth into equal pieces.
Our husbands swallowed it reluctantly—
they were too kind to refuse.
Tired with the summer and frankness, again we departed,
harmonizing the song one note offbeat.
The darkness trembled, the warmth in our eyes dimmed.
Mute nymphs were breathing at our necks.

Вперта гризота черви потрясає землею.
Очевидне стає ледь видним, потім—невидним.
Батька Адама, виліпленого із неї,
земля пам'ятає першим, тому невинним.
Праматір якраз на порі доспілої жінки:
випручатися з обіймів, вище чоло піднести.
Хочеться їй історій, хочеться відбитків шмінки
на сторінках книжок та жовтої преси.
Батько Адам готовий стати вигнанцем,
яблуком, що неминуче яблуня зронить.
Обоє в подружньому стані, двозначний стан цей—
доказ проти них. І ніщо їх не оборонить,
щоби пальцем по карті не робити кумедні вправи
повороту додому, визначати сторони світу,
наче діти, не знати напевно, де ліво, де право,
і як ті, не питати: чи буде іще раз літо?

The stubborn gnawing of worms quakes the earth.
That which is obvious becomes barely visible, then—invisible.
Father Adam was made of it, the earth
which remembers him as the first, the innocent.
But it's time for the Anestral Mother to grow ripe:
she squirms from his embrace, she raises her forehead.
She would like her own stories to leave prints
of lipstick on the pages of books and tabloids.
Father Adam is prepared to become an outcast,
to become that apple that inevitably falls.
Their relationship status is "married," this ambiguous state
builds evidence against them. And nothing can defend them,
from their silly attempts to trace the way home
on a map, to determine cardinal points. Like children,
they won't know with certainty, left from right,
and like children, won't ask: will summer come again?

Відтінки зеленого, вибрані трупні плями,
навіюють спогад про літа латаний намір,
ісламські хоругви, наругу перших пологів,
пологий берег, повільність линви дороги.
Постава саду втрачає прикмети місця.
Гострішає тиша, бо—не пройде й місяця—
старий садівник обійде тіньові володіння
і не обере до розмови жодної тіні.
Тиньк огорожі відгонить мовчанням, цвіллю.
Цвіте майоран. Сад напружує сухожилля.
Зносить небо високо, помпує соки,
гіллям промацує стежку, як більмоокий.
Банальний пейзаж. Єдина хиба—відсутність плоду.
Тоді прозріваєш, що сад в дорозі, що він відходить.

Shades of green, selected spots on a corpse
bring back memories of summer's patched intentions:
Islamic banners, the violence of a first delivery,
the sloping shore, the slow tow of the road.
The orchard loses its character.
The quiet sharpens — it takes less than a month —
the old gardener inspects the anonymous property
and chooses to not talk with any shadows.
The fence's stucco reeks of silence, mold.
Marjoram blossoms. The orchard strains its tendon.
Pushes the sky upward, pumps up its juices,
and, as if blind, navigates the path with a branch.
Banal landscape. A single flaw — the absence of fruit.
Then it's clear: the orchard is on its way, departing.

У присутності моря поділено сушу навпіл.
По знайомих обмілинах водорослі, чи просто—дорослі.
Хвилі їх здоганяє, натягає на свій копил,
аж вони вирушають туди, де піски і простір.
У присутності суші ніяк не забути води,
хоч би скільки могти, досконалити вперту природу.
Поховальні дощі колобродять вряди-годи,
але навіть тоді тимчасові піски не родять.
Сохнуть з думки, що винні, що море простить або ні . . .
Як абищиця зради медузи—холодні й солені.
Присно прісна вода струменить на страшній глибині,
але ті, хто на дні, не вертають навчити про неї.

At the presence of the sea, the shore is split.
At familiar shallows the same seaweed—old chaps.
A wave catches and pulls them
until they move to where there's sand and open space.
At the presence of the shore, it's impossible to forget the water,
despite how you try to improve your stubborn nature.
Funeral rains sometimes come around,
but even then the temporary sands are barren.
They dry out from guilty thoughts; will the sea forgive or not . . .
The jellyfish, like small betrayals—cold and salty.
At a dangerous depth fresh water streams endlessly,
but those at the bottom don't return to tell.

Йшла висока вода, не дбала про людських дітей.
На неторканий берег викидала тіла і глей.
Афродіта верталася в піну.
Досконала лінія згину.
Хто поклявся дійти, той дійшов.
Хто доплисти—доплив.
Навіть моравський брат знайшов свій біблійний мотив:
прозираючи крізь цунамі, ніби рентген,
покладаючись на тамтамів пророчий тембр.
Там, де лінія досконала,—все решта хаос.
Хто збирається жити, а хто знімає арт-хаус.
Як мороз попід шкіру, як піт із несвого чола
за моравським братом пішла неморавська сестра.
Коли брат озирнувся, вона не стала стовпом.
Досконала лінія вигнулась за горизонт.
Коли брат запитав самими очима:—Ти?
Сестра погладила воду і море дало їй пройти.
—Ти не один, не старайся. 1+1
Я і є та Єва з твоїх стовбурових клітин.

The high water came with no regard for human children.
It scattered bodies and clay on the untouched shore.
Aphrodite returned to the foam.
The line of the fold was perfect.
The one who vowed to leave, left.
The one who would swim—swam.
Even the Moravian brother caught his biblical drift:
look through the tsunami like an x-ray,
count on the tam-tam for its prophetic timbre.
There, where the line is perfect—the rest is chaos.
Someone is going to live, and someone shoots an art-house film.
Like frost under the skin, like sweat from someone else's brow,
a non-Moravian sister followed the Moravian brother.
When the brother looked back, she didn't turn into a salt pillar.
The perfect line bent behind the horizon.
When the brother asked with his eyes: Is it you?
The sister stroked the sea water and it let her pass.
—You are not alone, don't try so hard. 1+1
I am the Eve of your stem cells.

Січня невічні стоки суглинок переймає.
Як рівновагу вловлено тим, що страху немає.
Так виправляють зморшки. Так зупиняють нежить.
Правка до біографії автору не належить.
Гойдається колиска, аж пригинає сволок.
Сніг іде перевальцем. Значить в и с о к и й дозволив
обраних присипляти, рік зачинати січнем
і до уваги не брати, те, що таки не вічні . . .

Loam rebuffs the ephemeral thaw of January.
Only that which is fearless catches the balance.
Just like straightening wrinkles, just like stopping a fever,
is like a correction to the biography that's not the protagonist's.
The cradle swings, the beam buckles.
Snow staggers. It means He allowed
a lullaby for the chosen, to start the year with January
and pay no mind that nothing is eternal.

Дотик життями, обмін тілами.
Що з нами буде, що буде з нами.
Я поспішила. Ти запізнився.
Я завинила. Ти поплатився.
Хтось та й народиться з мутного болю
з поглядом точним, повним люболю,
щоби пітніти від нерозуміння,
щоб забувати Боже підсіння.
Вже й вічні діти стануть дорослі,
хтось залишатиметься невірослим.
Ще безіменний, вже безнадійний,
ніби субтитри сурдо-подвійні.
Ніби зима й ніби сніжність така,
ніби ти мені меду, а я йому—молока.

Life touches life, body replaces body.
What with us will be, what will be with us?
I hurried. You were late.
I was guilty. You paid.
Someone will be born out of cloudy pain
with a precise look, full of heartache,
so to sweat from incomprehension,
so to forget what was before the beginning.
Even eternal children become adults,
this someone remains ungrown.
Still unnamed but already hopeless,
as if winter and snow are silk,
as if you are honey to me, and to him—milk.

Я ніхто, тож можу бути всім.
Я тобі про тебе розповім.
Бачу в космах ранню сивину
значить, вийшов вже на глибину.
Під очима гусячі сліди.
Значить, насміявся до біди.
А в очах шляхетні бурштини,
пробирає світло з глибини.
Значить: що зрослось, не зажило—
хлопче, поцілований в чоло.
Я ніде, тож можу бути скрізь.
Хтось тобі й про мене розповість.

I am nobody, so I can be anybody.
I will tell you the story of you:
I see early grey hairs,
Understand: you've already been to the depths.
Crow feet under your eyes
means you laughed at misfortune.
And in your eyes are noble ambers,
a light that penetrates from the depths.
Understand: what was broken didn't mend—
a boy, who's kissed on the forehead.
I am nowhere, so I can be anywhere.
Wait and someone else will tell you the story of me.

Хлопчику, перша помічу сиве пасмо.
Перша піймаю іронію в зморшках усміху.
Піт висушатиму. За плечима таких перемог
прийматиму скарги—писаними чи усними.
Нічого із того не візьму тобі за зле.
Пробачу: в чотири руки обійнявшись поснули ми,
не кращі, байдужі з дороги і втоми, але,
засновники дому, що збулись готелю минулого.
Я готувалась до змін. Ти розумів.
Тіло ставало текучим, пропахлим смолами.
А ти пив мені з рук, а ти любив, як умів,
і, як хлопчик, чекав на сани з святим Миколою.

Young boy, I will be the first to spot a lock of grey,
the first to catch the irony in the wrinkles of your smile.
I will dry your sweat. I will stand behind your victories
and accept complaints—written or verbal.
I will not blame anything on you. I will
forgive: we fell asleep in a four-handed embrace,
not at our best, numb and tired from travel,
we made our home to leave behind the hotel of the past.
I was preparing for change. You understood.
My body became fluid and smelled of resin.
And you drank from my hands, and you loved as you could,
and, like a boy, you waited for Saint Nicholas' sleigh.

Ми антикварні до нестями
і акварельні до білизни,
і многолітні почуттями,
і малолітні ревматизмом.
Вже не керовані тяжінням,
посріблено-позолотілі,
ми дожидаємо успіння
та перевтілюємся в тілі,
коли рости не перестали
з усього тіла тільки вуха,
коли примноженню печалей
сусідствує упадок духа,
не розпрямивши рідні плечі,
не розімкнути ці обійми—
по-підлітковому старечі
і по-старечому лелійні.

We are antique and heirloom,
underwear in pastel blooms,
with old emotions,
and new rheumatisms.
Not driven by attraction,
—silvered, gilded—
we wait for our passing,
while transforming in body,
when it no longer grows,
except by the ears.
When sorrows grow
the soul becomes morose,
not straightening shoulders
to have and to hold—
adolescently old
and elderly tender.

Каштани нині вдруге зацвіли:
осінні свічі зазирають в вічі.
Неввічливо осінньо квітнуть свічі,
як молодильна пристрасть з-під золи.
Поймає стовбур сила молода,
але зима затраскує ролети.
Kastania, каштани, кастань'єти,
іспанський колорит—і холода.
Коли твої каштани зацвіли,
мої вже вибирають з-під золи.

Chestnuts in their second-season bloom,
autumn candles look into your eyes.
They blossom shamelessly late,
like renewed passion from beneath the ashes.
The trunk shakes with youth, still
winter approaches.
Castania, chestnuts, castanets,
Spanish flavored—and cold.
When your chestnuts were blossoming,
mine were already taken from under the ash.

Сінокосна трава у корінні іще жива,
але стеблами мертва не-боли-голова.
Тратить кров зеленаву, не знає мовчати ні мовити.
Позбуваючись мови, прибувають на силі слова.

The grass under the scythe is still alive at the roots,
but the stems are left senseless and dead.
The grass bleeds green, and can neither speak nor keep silent.
Losing their language, words grow in power.

А потім вони виростають: діти з очима дорослих.
Зайд пізнають по вимові, як зілля—за пахом.
Вистригають наголо чуби свої дикорослі
(заокруглюють голови), ловлять родимки страху.
Наука кохання й смерти не йде до лісу.
Черпають натхнення з подвійного дна надії.
Приводять на світ дітей одного тісного замісу,
котрим до колиски співається, що з вами вдію?
Кожен наступний рік додає їм по сантиметру.
Звільнена кров у жилах вурдиться і скипає.
Спочатку житимуть вічно, тоді поховають мертвих—
змучаться бути дітьми і—дійсно—повиростають.

And then they grow up: children, with the eyes of adults.
Recognizing newcomers by their accents, like herbs—by scent.
Shaving forelocks from untamed hair,
(rounding their heads bare) and snagging moles of fear.
The faculties of love and death don't run for the hills.
They draw inspiration from the hidden drawer of hope.
They bring children to a world, a tight piece of dough,
and sing to the cradle, what shall I do with you?
Every year adds a centimeter.
The blood freed in their veins bubbles and boils.
At first they will live eternally, then bury their dead,
and tired of childhood—indeed—grow up.

Пожиттєве.
Як кров на лляних простирадлах.
Як вода на віконному склі.
Чоловік був різновидом жінки.
Рух—різновидом спокою.
І того, хто відбився,
тепла течія вірша
змивала все далі від берега.
Спершись на лікті,
він поспішав
ціле море списати руками,
не встиг,—і закреслив.

A life sentence:
Like blood on linen sheets.
Like water on window glass.
Man was a kind of woman.
Movement—a kind of stillness.
And the one who broke away,
was carried farther from the shore
by the poem's warm current.
Leaning on his elbows,
he hurried
to write by hand upon the whole sea,
he didn't manage—and crossed it out.

Сестри більше не плакатимуть,
не будуть кусати пошерхлі губи,
непомильно цілитися горловим співом
тобі у серце під спідницею,
коли ти ще носила спідницю.
Не будуть матюкати тебе по рації,
а потім ставити вподобайки в фб.
Не будуть стирати вологими серветками
триденної немитості під пахвами,
стелити фіранки в окопи для затишку
і щоб не болотити спини,
напинати м'язи на шиї, здригатися в напівсні,
втримуючи на автоприцілі снайпера з того боку.
Щомісячні кровотечі призвичаїли вас
до запаху і процесу.
Хай тече, як у всіх ссавців,
пульсує у скронях і на зап'ястку,
тисне зсередини,
пускається носом.
Хай вчить любити живих,
накладати джгут,
обмивати померлих.
Розпука розпукнеться з тебе,
як зі стручка, викотяться дні нечорні,
ночі небілі.
Не ти, а твоя рука. Не та, з рукава.
Тут могло бути інше закінчення,
але не буде.

Your sisters will no longer weep.
They will not bite chapped lips,
or aim a throaty song at you,
sent to the heart under your dress—
when you were still wearing dresses.
They will curse at you over walkie-talkies
and then like your posts on FB.
They won't clean their armpits
with damp washcloths for three days.
They won't lay curtains in the trenches for comfort,
to keep clean from the mud.
They'll strain their necks and shudder with exhaustion,
watching the other side of the line through the sniper scope.
They've grown accustomed to your monthly bleeding,
to the smell and the process.
Let it flow, like in all mammals,
pulsing in the temples and on the wrist,
it presses from inside,
starting with the nose.
Let's learn to love the living,
to apply a tourniquet.
to wash the dead.
As if from a split pod, misfortune spills from you.
Days roll out, not black
nights, not-white.
Not you, your hand. Not that one, the other . . .
Here there could be a different ending,
but there won't be.